DACTYLOLOGIE

OU

ART DE CONVERSER AU MOYEN DES DOIGTS

Angoulême. Imp. Nadaud et Cie, rempart Desaix, 26.

DACTYLOLOGIE

OU

ART DE CONVERSER AU MOYEN DES DOIGTS

PAR

L'ABBÉ DE L'ÉPÉE

Premier Instituteur public de Sourds-Muets,

SUIVIE

DE NOTES EXPLICATIVES

PAR

Benjamin DUBOIS

Professeur à l'Institution impériale des Sourds-Muets de Paris

Petit Traité destiné spécialement aux gens du monde

PARIS

CHEZ L'AUTEUR

Rue de Bréa, 18,

ET CHEZ J. VERLET

Sourd-muet, rue Saint-Julien-le-Pauvre, 11

1867

PRÉFACE

L'opuscule que nous nous décidons à livrer aujourd'hui à la publicité a un double but : d'abord, de faire connaître la *dactylologie* qui, malgré son invention déjà fort ancienne, n'est pas assez répandue, et, ensuite, de fournir à tous ceux qui voudraient l'apprendre les éléments qui les mettent à même d'en tirer parti, tant pour eux que pour leurs concitoyens. Cette idée ne nous est pas personnelle ; elle nous a été suggérée depuis longtemps et par ceux qui sont initiés à la dactylologie, et par ceux qui, sans l'avoir encore possédée, en ont déjà apprécié toute l'importance.

Quant à faire ressortir l'utilité de la dactylologie, nous ne nous en occuperons pas ici, nous laisserons ce soin à la sagacité de nos lecteurs ; ils le feront mieux que nous et peut-être avec plus de discernement, plus de perspicacité. Nous nous contenterons d'appeler particulièrement l'attention de nos lecteurs sur ce que la dactylologie a sa place marquée à côté de la parole, de l'écriture manuscrite ou imprimée, non-seulement comme moyen de communication, mais encore comme instrument d'instruction ou d'agrément. Tout le mérite de la dactylologie est là où elle se rend nécessaire, là surtout où l'on veut avoir recours à elle.

Puissent nos lecteurs, avec toute l'indulgence que nous attendons d'eux, faire un bon accueil à notre petit travail, qui n'est qu'un essai ! Si cet espoir se réalisait, nous nous sentirions encouragé à faire mieux plus tard. Telle est là toute notre ambition.

Paris, le 1er novembre 1863.

DACTYLOLOGIE

OU ART DE CONVERSER AU MOYEN DES DOIGTS

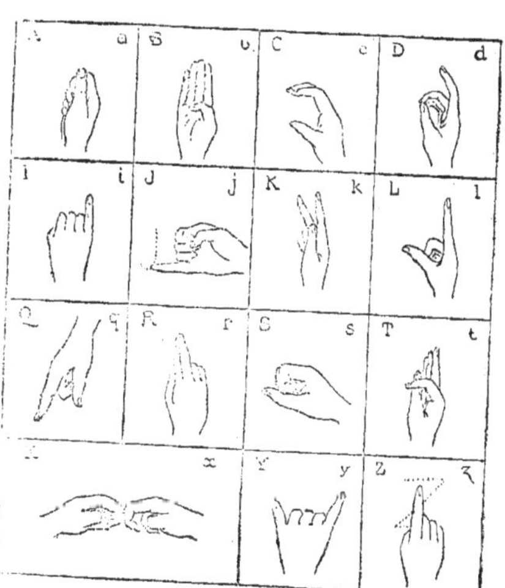

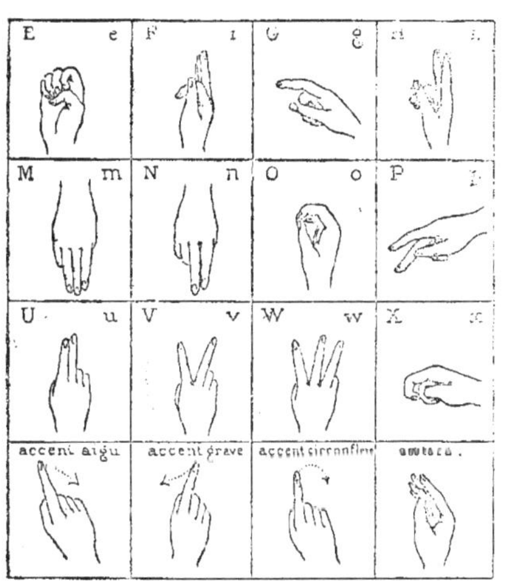

DACTYLOLOGIE

OU

ART DE CONVERSER AU MOYEN DES DOIGTS

De la Dactylologie.

« Ce que **M.** Pereire (1) et ses disciples appellent la *dactylologie*, et qui serait mieux

---

(1) Juif portugais qui fit en France l'éducation de plusieurs sourds-muets longtemps avant l'abbé de l'Epée, d'après une méthode qui était, sous bien des rapports, infiniment préférable à celle de ce dernier.

MM. Pereire, que nous voyons aujourd'hui au rang de nos principaux banquiers, sont les arrière-petits-fils de ce prédécesseur et contemporain de l'abbé de l'Epée. En août 1859, ils offrirent à l'institution impériale des sourds-muets de Paris un tableau peint à l'huile, représentant leur ancêtre au moment où il montre à une petite sourde-muette la manière d'émettre les sons vocaux sans d'autre secours que le souffle de l'haleine sur le dos de la main. — B. D.

appelé la *dactylolalie*, n'est autre chose que la science, ou l'art, ou l'usage, ou la routine d'exécuter avec les doigts d'une seule main ce que font les plus petits écoliers de nos colléges (mais en y mettant les deux mains) pour converser avec leurs compagnons d'une extrémité de leur classe à l'autre. Si je voulais donner un nom à leur alphabet des deux mains, comme ces messieurs en ont donné un à celui qui s'exécute avec une seule, il faudrait l'appeler la *chirologie*, ou beaucoup mieux la *chirololie*. Mais laissons à part ces grands mots qui ne peuvent que jeter de la poudre aux yeux, parlons simplement de l'alphabet des deux mains (1) et de celui d'une seule. Le premier est en usage parmi les écoliers français ; les écoliers espagnols se servent du second, qui n'en est pas moins ancien pour avoir été nouvellement apporté en France. Celui-ci est beaucoup plus commode quand on converse de

---

(1) Voir page 9, à l'article : *Alphabet des deux mains.*

près ; le premier le serait davantage si l'on voulait s'entretenir de loin, et c'est apparemment pour cette raison que les écoliers espagnols en ont un troisième qui tient en partie des deux autres (1). Quoi qu'il en soit, ces deux différents alphabets manuels peuvent également servir pour commencer, continuer et perfectionner l'instruction des sourds-muets.

« Il est peu important de découvrir quels en ont été les véritables auteurs, soit en France, soit en Espagne, ou dans d'autres pays. Celui des Espagnols, qu'on appelle aujourd'hui en France la dactylologie, se trouve bien et dûment gravé sur huit planches en taille-douce dans un livre imprimé il y a plus de cent cinquante ans (2) et que j'ai dans ma bibliothèque. Il est très commun dans les rues de Madrid. Les crieurs de

(1) Ce troisième alphabet n'étant pas parvenu à notre connaissance, nous n'en parlerons pas ici.

(2) Ce livre a pour titre : *Reduccion de las lettras y arte para enseñar à hablar los mudos, par Juan Pablo Bonet. En Madrid*, 1620. — B. D.

chansons (qui ne sont autres que les aveugles) le vendent publiquement dans de petits almanachs en gravure telle quelle. Mais que ce soit Bonet qui l'ait inventé en 1620, ou que ce soit un autre de plus ancienne date, je croirais perdre mon temps si j'employais seulement deux heures à examiner cette question de fait.

« Les alphabets d'une ou deux mains doivent ordinairement s'apprendre en moins d'une heure. A l'aide de l'un ou de l'autre de ces deux alphabets manuels, on peut dicter à un éléve (entendant et parlant, ou sourd et muet, il n'importe) un chapitre entier de la Bible dans une langue qu'il n'entend pas et qu'il n'entendra jamais, parce que jamais il ne lui plaira de l'apprendre. Il pourra le conserver précieusement toute sa vie, comme je garde certains livres étrangers qui se sont rencontrés dans des lots avec d'autres ; mais il ne l'entendra pas plus que je n'entendrai ces livres, tant que je n'apprendrai pas les langues dans lesquelles ils ont été composés.

« Tout alphabet manuel n'est autre chose qu'une écriture de convention, qui annonce à celui aux yeux duquel on présente tel ou tel mouvement des mains ou des doigts que c'est un A, ou un B, ou un C, ou un D, etc., qu'il doit écrire, comme il ferait en copiant lettre à lettre un papier écrit ou un livre imprimé qu'il n'entendrait pas. C'est une écriture en l'air qui indique celle qu'on doit mettre, avec le crayon ou la plume, sur la table ou sur le papier. Ce moyen, considéré en lui-même, ne présente aucune idée, absolument aucune.

« Après avoir enseigné à un sourd et muet l'alphabet manuel, si l'on écrit sur la table ces deux mots : *la tête*, ou qu'on les lui représente par la dactylologie, il n'y attacherait pas plus d'idée qu'il n'en joindrait à ceux-ci : *der kopff*, ou *the head*, qui expriment cette partie du corps en allemand et en anglais, à moins qu'on ne lui montre en même temps sa tête et celle de quelques autres personnes. Cette première nécessité des signes manuels (1) (bien différente des signes dactylologiques, qui n'expriment que des lettres et rien de plus) ne devrait-elle pas annoncer de quelle utilité ils pourront être en les maniant avec méthode ?

« Les objets ne sont pas toujours présents, et alors il n'est plus possible de les montrer. Si un dactylologiste veut parler de *tapisserie* à un de ses disciples dans une chambre où il n'y en ait point, il lui dictera par son alphabet manuel un *t*, un *a*, un *p*, un *i*, un *s*, etc. Le disciple écrira sans doute le mot ou le prononcera si l'on veut ; il écrirait de même et prononcerait du grec ou de l'arabe ; mais comment saura-t-on s'il aura retenu la chose dont nous avons l'idée en l'écrivant ou en la prononçant, surtout si, après l'avoir écrit, il demeure immobile comme un terme ?

« Au contraire, si je fais le signe de quelque

(1) C'est ce qu'on appelle aujourd'hui *langage des signes*, dont se servent habituellement les sourds-muets. (Voir page 14.) — B. D.

chose qu'on applique sur une muraille et qu'on attache avec des clous en haut, en bas et des deux côtés, et que mon sourd et muet écrive ce mot sans que je lui en dicte une seule lettre, pourrait-on douter qu'il ne joigne à ce mot la même idée que nous y attachons ? Cet exemple doit suffire pour cent autres. » (L'abbé de l'Epée.)

Ces lignes de l'abbé de l'Epée sont extraites de son *Institution des sourds et muets par la voie des signes méthodiques*, ouvrage publié en 1776 et dont il ne reste aujourd'hui plus d'exemplaires, du moins dans les quelques bibliothèques que possèdent les meilleurs instituteurs de sourds-muets. Nous avons cru devoir les reproduire ici, non pas parce qu'elles renferment en elles-mêmes une définition suffisante de la dactylologie, mais parce qu'elles sont une sorte de protestation contre l'incessante persistance à attribuer au célèbre apôtre de l'humanité l'*invention* de la dactylologie, comme l'ont fait les commissions des monuments élevés à sa mémoire sur une place de Versailles et dans l'église de Saint-Roch de Paris, comme le font aujourd'hui encore des feuilles de tous formats représentant des lettres dactylologiques et vendues par de malheureux sourds-muets infirmes ou sans ouvrage. Tous les actes de la vie de l'illustre abbé de l'Epée, tant publique que privée, respirent, sinon la plus modeste, mais la plus franche simplicité, et ce serait aller contre sa mémoire vénérée que de laisser subsister cette erreur. En n'attribuant pas à l'abbé de l'Epée l'invention de la dactylologie, aucune atteinte ne sera portée à la gloire qu'il a si justement acquise. Sa gloire est ailleurs que dans ce petit instrument de communication, qui a toujours occupé une place bien secondaire dans tout bon enseignement de sourds-muets; elle est et sera toujours dans l'élan qu'il sut donner pour propager et généraliser l'instruction des sourds-muets, élan qui fit tomber pour toujours le voile mystérieux dont s'entouraient ses prédécesseurs et même ses contemporains. Présentons l'illustre instituteur des sourds-muets tel qu'il était, et ce sera par là, et non autrement, que nous pourrons faire élever jusqu'à lui et à ses contemporains qui le soutenaient nos sentiments de sincère et profonde gratitude.

De l'Alphabet des deux mains.

L'alphabet des deux mains, dont il est parlé à la page 2, tend chaque jour à disparaître pour faire place à la dactylologie.

A Paris, l'on ne s'en sert presque plus. Si, par hasard, il se rencontre encore, c'est ordinairement chez des gens venus du fond de nos départements.

Son abandon vient plutôt de son excessive lenteur que du grand déploiement des bras et des mains sur différentes parties du corps humain. Un de ses principaux inconvénients consiste en ce qu'il ne peut se dérober aux regards indiscrets de qui que ce soit. Voulez-vous dire, au milieu d'une société, quelque chose à une personne placée à une certaine distance de vous et de manière à n'être vu et compris que d'elle seule, vous n'avez qu'à mettre la main dans une position invisible et faire jouer ensuite vos doigts (c'est ici le rôle de la dactylologie). Et avec l'alphabet des deux mains, comment le feriez-vous?...

Voici en quoi consiste cet alphabet des deux mains :

Les cinq voyelles a, e, i, o, u sont représentées par les cinq doigts de la main gauche. Le pouce indiquera A ; l'index, E ; le médius, I ; l'annulaire, O, et l'auriculaire, U. Pour les désigner, il suffit de poser l'index de la main droite sur l'un de ces cinq doigts. S'agit-il de dire O, on met l'index de la main droite au bout de l'annulaire de la main gauche. Pour les autres voyelles, même marche à suivre.

On représente :

B, en posant l'index sur la bouche : le B est la première lettre du mot bouche ;

C, en formant un croissant avec le pouce et l'index ;

D, en frappant contre les dents avec le

bout de l'index, pour rappeler que le mot dent a pour initiale un D ;

F, en faisant plusieurs évolutions avec les bras l'un autour de l'autre, et puis en frappant un coup sur le bras gauche avec la main droite, comme pour représenter la petite barre qui coupe le plein de la lettre F ;

G, en descendant la main le long de la cuisse jusqu'au genou, comme pour le toucher : le mot genou, qui commence par un G, rappelle cette lettre;

H, en faisant deux lignes perpendiculaires aux deux côtés du tronc, et puis en coupant en deux ces lignes : la lettre H rappelle ici le mot hanche ;

J, en posant l'index au bout de l'annulaire, comme pour indiquer un I, et puis en traçant la lettre J dans toute la longueur de l'annulaire jusqu'au milieu de la paume de la main (beaucoup de personnes préfèrent désigner cette lettre en pinçant légèrement la joue, lequel mot rappelle par son initiale la lettre J) ;

K, en pliant le pouce de la main droite en forme d'équerre et en le mettant ensuite contre l'index de la main gauche ;

M, en posant trois doigts dans la paume de la main gauche ;

N, comme pour l'M, mais avec deux doigts ;

P, en frappant du pied : le mot pied rappelle par sa première lettre un P ;

Q, en mettant la main sur les fesses, à cause de la manière de prononcer le Q (certaines personnes préfèrent l'action de frapper avec la main droite sur le dos de la main gauche tournée vers le sol) ;

R, en faisant l'action de tirer une oreille, à cause de la lettre R qui se trouve dans le corps du mot oreille ;

S, en faisant tourner les bras l'un sur l'autre, mais sans frapper ensuite sur un bras comme pour la lettre F ;

T, en formant une petite croix sur le front, laquelle croix rappelle la première lettre du mot trinité, ou du mot tête, si on le préfère ;

V, en posant deux doigts écartés, l'index

et le médius, aux deux côtés du nez, comme pour former un V ;

X, en mettant à califourchon sur le nez l'index et le médius, ou bien en faisant une croix avec les deux index posés l'un sur l'autre ;

Y, en faisant d'abord le V aux deux côtés du nez et en promenant ensuite les deux extrémités des doigts jusqu'à l'oreille droite, point où ils se réunissent comme pour y former la queue de la lettre Y ;

Z, en posant le coude du bras droit dans la paume de la main gauche, en ayant soin que les trois branches de la lettre Z soient suffisamment dessinées.

A côté de cet alphabet des deux mains qui était le plus répandu en France et à l'étranger, il y en avait bien d'autres qui s'en éloignaient plus ou moins. Les reproduire serait sinon curieux, mais très amusant. Les mieux faits, à ma connaissance, étaient ceux des couvents ou des pensionnats de jeunes demoiselles. Ceux-ci brillaient surtout par des inventions aussi gracieuses qu'ingénieuses.

Mais il faut renoncer à les voir représenter ici dans cet opuscule ; ils sont depuis longtemps presque oubliés, comme nous l'avons déjà dit, la dactylologie ayant définitivement et pour toujours pris leur place.

Des Signes manuels ou Signes mimiques.

Ces signes sont ceux dont se sert tout individu, savant ou ignorant, lettré ou illettré, plus souvent comme moyen de communication que comme moyen d'instruction. Entendants-parlants, sourds-parlants, sourds-muets, aveugles-entendants, aveugles sourds-muets, tout le monde les comprend et les parle. Il ne faut qu'un peu d'exercice, aidé et guidé par un esprit facile à saisir, pour les développer, les fixer et en rendre ensuite l'usage prompt et intelligible.

Ces signes, quels qu'ils soient, sont tous, presque tous, l'intime et immédiate représentation de la pensée, puisée dans la forme extérieure des objets, de leur manière d'être, de leur destination, et surtout dans les actions qui sont peintes tantôt par imitation, tantôt par analogie. Ils n'ont rien de commun avec la dactylologie et l'alphabet manuel dont nous venons de parler, en ce que ces derniers moyens de communication ne représentent rien que des lettres, des mots et des phrases.

Qu'on appelle ces signes signes manuels, signes mimiques, ou tout ce que l'on voudra, ils restent toujours les mêmes au fond : c'est la chose qui ne change pas. L'abbé de l'Epée appelait les siens *signes méthodiques*, et l'on veut aujourd'hui qu'ils aient fait leur temps. Ces signes méthodiques condamnés dans les écrits n'existent pas moins ; on en voit chaque jour la preuve, et dans l'hypothèse que l'on ne l'admettrait pas, que l'on veuille établir que les signes dont se servent les sourds-muets et leurs maîtres sont essentiellement naturels, c'est-à-dire qu'ils ne tiennent ni à l'arbitraire, ni aux conventions, et qu'ils n'empruntent non plus rien à la dactylologie.

Les signes exigeant le concours de toutes

les parties du corps humain et principalement de celui des mains et de celui du jeu de la physionomie du visage, ne connaissent et ne veulent connaître aucunes formes grammaticales. Ils sont indépendants de toutes lois et ne subissent d'autre influence que celle de l'entendement humain. On a essayé de les assujettir à des règles, comme on l'a fait pour nos langues parlées et écrites, mais inutilement. Tous ceux qui l'ont tenté ont perdu leur temps, et Bébian, le célèbre auteur de la *mimographie*, en est du nombre, puisque sa mimographie est restée à l'état de pure théorie.

Le langage des signes se sert de tout : tout lui est bon. Il s'est même emparé des lettres dactylologiques et de celles des autres alphabets, sans cependant en faire un grand usage. Tel qu'il est aujourd'hui, il sera tout autre demain. Autant est sans limite son incessante versatilité, autant est grande sa tendance vers la brièveté et la célérité. Les mots dont nous nous servons gazent bien des choses. Les signes font tout le contraire ; ils n'y regardent pas, voulant avant tout aller vite. Peu importe pour eux s'ils choquent les lois de la bienséance.

Chacun, sourd-muet ou non, peut créer des signes et s'en faire à la longue un langage complet et régulier, aussi riche, aussi clair que celui qui est usité dans l'école la mieux montée ou chez les sourds-muets instruits. Mais pour être certain de le posséder entièrement, il est préférable de recourir aux soins et aux lumières des professeurs sourds-muets (et ce sont les plus compétents), et quel est mime le plus en renom de nos théâtres qui s'en soit dispensé ? A la rigueur, les dictionnaires les mieux expliqués et les gravures dessinées avec le soin le plus scrupuleux peuvent mettre tout néophyte à même de s'en passer ; mais l'amener à posséder tout le génie, ou, pour parler plus exactement, tout l'entrain du langage des signes, c'est autre chose. De même que le Français qui a appris l'anglais dans les grammaires ne peut entendre les habitants de Londres ni se faire entendre d'eux, de même celui qui a étudié les signes dans les dictionnaires ou sur les gravures est incapable de comprendre ceux qui possèdent ce langage et de se faire comprendre d'eux. Comme le Français qui bégaie quelques mots anglais, celui qui a appris les signes en fera quelques-uns isolés et sans suite, ou donnant sujet à toutes sortes d'interprétations. L'un et l'autre en resteront là et n'iront pas plus loin. Pour parler et comprendre l'anglais, il faut converser avec des Anglais ; pour rendre sa pensée au moyen des signes et comprendre de même celle des autres, il faut vivre avec et parmi ceux qui les possèdent : il n'y a pas d'autre alternative. Nous avons connu des professeurs qui, après plus de dix ans de séjour dans la même maison, ne pouvaient saisir quelque chose de la conversation de leurs élèves entre eux ; nous en avons aussi connu d'autres qui, dans l'impuissance de faire comprendre quelques points ardus de leurs leçons, recouraient au savoir-faire des répétiteurs sourds-muets. A ces faits nous pourrions en ajouter bien d'autres, qui prouveraient encore une fois toute l'importance des services que les professeurs sourds-muets rendent à leurs frères d'infortune en général et à l'enseignement en particulier.

Les inconvénients signalés dans le langage des signes mimiques n'existent pas dans la dactylologie. La dactylologie, comme l'a décrit l'abbé de l'Epée, étant la reproduction exacte des lettres, des mots et des phrases, tous ceux qui la connaissent sont assurés à l'avance d'être compris de leurs interlocuteurs et de les comprendre ensuite.

Avec la dactylologie vous lierez de prime-abord conversation avec le premier dactylologiste venu, tandis qu'avec le langage des signes vous aurez à essuyer mille tâtonnements avant de parvenir à échanger vos pensées avec celui qui possède ou comprend ce langage, surtout lorsque vous voudrez parler de choses qui ne tombent pas sous les sens.

Manière d'apprendre la Dactylologie.

La meilleure manière d'apprendre la dactylologie est celle qui convient à celui qui veut la posséder. Il en est de toutes sortes. La plus commune est celle qui fait réciter les lettres, soit une à une, soit cinq à cinq, depuis A jusqu'à Z. Mais la plus simple et surtout la plus agréable est celle qui procède par faire dire d'abord son nom et son prénom et ensuite ceux des personnes auxquelles on pense le plus souvent.

Quoi qu'on fasse, il est rare qu'on n'aille au delà d'une demi-heure, non-seulement pour retenir chacune des lettres de la dactylologie, mais encore pour se mettre à même de s'en servir à la première occasion. L'anecdote qui se trouve à la page 33 suffira à elle seule pour vous en donner une idée.

Dans l'étude de la dactylologie, il n'existe qu'une seule petite difficulté qui embarrasse un peu celui qui l'apprend. C'est celle de poser ses doigts d'après la figure des lettres telles qu'elles sont représentées sur nos planches ; mais après quelques courtes répétitions, elle ne se fait plus sentir, et l'on a alors toute la dextérité de ses doigts.

Manière de se servir de la Dactylologie.

Après avoir bien retenu l'image des lettres dactylologiques et après s'être suffisamment exercé à les reproduire, on est à même de s'en servir pour converser avec la première personne venue, sourde-muette ou non, mais pourvu qu'elle les connaisse.

La disposition de la main qui présentera les lettres dactylologiques est à la volonté de celui qui parle ; mais il doit se garder de la modifier quand la nécessité ne s'en fait pas sentir, autrement il fatiguerait ou lasserait la patience de son interlocuteur.

Une seule main doit parler. Que ce soit la droite ou la gauche, cela est indifférent. La main fatiguée peut être remplacée par l'autre.

Quand une main parle, l'autre reste dans l'inaction la plus absolue.

Le poignet de la main qui parle doit être maintenu dans une immobilité permanente ; tout écart à cette règle ferait recommencer la lecture de l'interlocuteur. Il n'y est dérogé que pour les lettres J et Z, qui se rendent en l'air, l'une avec le petit doigt et l'autre avec l'index. Toutefois, il faut que le mouvement que les doigts font pour former ces lettres ne soit pas trop marqué, et que, surtout, il ne dérange pas l'allure de la main.

La main qui parle ne suit d'autre impulsion que celle de la volonté. Elle peut aller aussi couramment que le fait la plume ou le crayon. Les principes généraux qui dirigent la main qui écrit avec une plume ou un crayon sont communs à la main qui parle, et les règles à observer tant pour l'une que pour l'autre sont les mêmes.

En dactylologie, la main doit courir aussi vite que le permettent les yeux de l'interlocuteur qui la suivent. Elle fait cependant des pauses qui sont généralement imperceptibles. Les moindres sont celles qui servent à séparer les mots les uns des autres ; les plus longues, qui ne dépassent pas une seconde, sont celles qui marquent l'absence des différentes ponctuations, absence à laquelle l'intelligence sait suppléer.

Tous les signes de ponctuation, comme le

point (.), la virgule (,), les deux points (:), le point virgule (;), le point d'exclamation (!), celui d'interrogation (?), les points suspensifs (......), se font en l'air avec l'index seul, comme si on les faisait sur le sable. En dactylologie, on peut se passer de tous ces signes de ponctuation, sauf les cas où ils sont indispensables pour le sens des phrases.

Les accents (´ `), l'apostrophe ('), la cédille (ç), le trait d'union (-), les guillemets (« »), la parenthèse ( ) et le tiret (—) se tracent aussi en l'air et toujours avec l'index, comme pour les ponctuations et la lettre Z.

L'accent circonflexe (^) se rend ordinairement par une petite courbe (⌒); c'est pour aller plus vite.

La dactylologie permet de négliger ces différents accents toutes les fois qu'ils ne sont pas absolument nécessaires, et plus particulièrement lorsqu'ils ne donnent lieu à aucune équivoque dans l'esprit de l'interlocuteur. De tous ces signes, celui qui s'omet le moins c'est l'apostrophe, comme dans *j'ai*, *l'ami*, *s'il*, *d'or*.

C'est seulement dans les écoles bien dirigées de sourds-muets que toute omission de ces signes orthographiques est formellement interdite. Elle l'est aussi dans celles des jeunes gens qui ne sont ni sourds ni muets, où les maîtres l'ont introduite pour la récitation des leçons, seulement au lieu et place de la récitation orale qui n'apprend pas l'orthographe.

Quand une lettre suit une autre toute semblable, comme dans ces mots : cr*ée*r, pr*ii*ons, c*oo*pérer, ho*mm*e, a*pp*eler, fi*ll*e, la main conserve la lettre déjà formée, mais la redouble en imprimant sur elle-même certains mouvements, soit à l'intérieur, soit à l'extérieur, sans toutefois quitter la position d'immobilité à laquelle elle est tenue.

Le redoublement des lettres se fait de la manière suivante :

Pour l'A, ouvrir légèrement la main et la fermer deux fois de suite;

Le B, imprimer deux secousses en avant, comme si l'on faisait l'action de frapper avec une hache;

Le C, comme pour le B ;

Le D, frapper deux fois l'un contre l'autre le pouce et le médius ;

L'E, frapper deux fois contre le dos du pouce avec le bout des quatre autres doigts ;

L'F, heurter deux fois le côté de l'index avec le pouce ;

Le G, comme pour l'F, mais contre le médius ;

L'I, présenter deux I en allant de gauche à droite ;

L'L, comme pour le B et le C.

L'M, imprimer deux secousses de haut en bas ;

L'N, comme pour l'M ;

L'O, écarter deux fois les doigts qui sont groupés autour du pouce ;

Le P, frapper deux fois contre le bout du pouce avec le médius ;

L'R, soulever deux fois le médius qui est couché sur l'index ;

L'S, ouvrir et fermer deux fois la main, à peu près comme pour l'A ;

Le T, frapper deux fois contre le dos du pouce avec l'index, comme pour l'F;

L'U, présenter deux U en allant de gauche à droite, comme pour l'I.

Le lecteur qui connaît la formation des mots comprendra pourquoi nous omettons ici les lettres H, J, K, Q, V, X, Y et Z, qui n'ont que quelques cas de redoublement.

Les abréviations se font, en dactylologie, comme si elles formaient réellement des mots entiers, mais seulement quand elles précèdent des mots auxques elles sont jointes ; hors de là, elles resteraient incompréhensibles ou donneraient occasion à des quiproquos.

Les abréviations les plus usitées sont :

M^{r}	pour	Monsieur.
M^{rs}	—	Messieurs.
Mme	—	Madame.
Mmes	—	Mesdames.
Melle	—	Mademoiselle.
M^{elles}	—	Mesdemoiselles.
M^{d}	—	Marchand.
N^{gt}	—	Négociant.
S^{t}	—	Saint.

Pour celles des abréviations qui ne se trouvent pas ici, il faut s'entendre à l'avance avec celui ou ceux à qui l'on veut parler, autrement il pourrait surgir des malentendus. Nous dirons à cette occasion que ceux qui se voient fréquemment n'achèvent presque jamais leurs mots et même leurs phrases, lesquels se laissent deviner, les mots par la forme, et les phrases par la construction ou le sens.

On a remarqué que les abréviations par lesquelles sont désignés les titres qui sont donnés aux souverains et aux grands dignitaires sont faites avec plus de lenteur, et qu'après chaque lettre il y a une pause assez sensible. Faut-il conclure par là que le dactylologiste subit l'influence que ces titres apportent avec eux-mêmes ?

Anecdotes.

Deux chanoines de l'église du Mans, touchés de compassion pour cinq sourds et muets qui sont dans l'hôpital de cette ville, ont pris de concert la résolution de s'appliquer à les instruire ; et, dans cette vue, ils ont désiré se mettre au fait de notre méthode. L'un d'eux est venu exprès à Paris ; l'autre y était déjà. En venant tous les jours chez moi, excepté les jours de dimanche et fête, au bout de trois semaines ces deux messieurs écrivaient couramment sous la dictée de mes signes ; ils se dictaient chez eux l'un à l'autre ; ils se plaisaient aussi à se faire dicter par des sourds-muets ; car, ceci soit dit en passant, non-seulement nos sourds-muets écrivent sous la dictée des signes, mais ils dictent eux-mêmes de cette manière à l'ouverture du livre, quand il se trouve quelqu'un qui désire en faire l'épreuve. (L'abbé de l'Epée : *Institution des sourds-muets*.)

M. de Saboureux de Fontenai (1) dit que la dactylologie ou l'alphabet manuel s'apprend en trois heures. J'en conviens : c'est même beaucoup trop long ; en voici la preuve. Je me suis servi jusqu'alors de l'alphabet à deux mains pour instruire les sourds-muets ; un jour que ce monsieur me trouva faisant une leçon à une sourde-muette, il nous montra à l'un et à l'autre l'alphabet d'une seule main dans l'espace d'un demi-quart d'heure, en sorte que j'achevai la leçon avec cet alphabet plus commode, l'ayant commencée avec celui des deux mains. C'est lui-même qui m'a rappelé ce fait dont je ne me souvenais plus. Il ne nous a plus fallu, à cette fille et à moi, un long apprentissage pour passer de l'état de disciples à celui de maîtres dans cette science profonde. (L'abbé de l'Epée : *Institution des sourds-muets.*)

---

(1) Le plus instruit des élèves de Pereire, prédécesseur et contemporain de l'abbé de l'Epée.

Un jeune sourd-muet de 20 ans était allé, il n'y a pas longtemps, avec quelques amis parlants, passer une journée à une maison de campagne qu'habitait une famille anglaise alliée à celle de M. le duc de L..., grand seigneur irlandais. Ce jeune sourd-muet ne tarda pas à être l'objet des attentions de la jeune fille et même de sa mère. Dans l'épanchement de la conversation, la mère demande au muet si sa fille est jolie : « Oui, « répond-il avec empressement ; elle est « très aimable ; vous devez être heureuse « et fière d'avoir une fille si charmante. » La mère met cette réponse sous les yeux de sa fille. Aussitôt le rouge lui monte au visage, et elle baisse les yeux. Le jeune muet s'en émeut et sent naître dans son cœur un léger trouble inexplicable. Il a peine à cacher son émotion... Lorsque les feuilles de papier furent épuisées par la conversation, le muet dit à la jeune fille, qui voulait aller chercher du papier, qu'il y avait un moyen de se dispenser d'avoir recours au papier et au crayon. Elle demanda à le savoir. Il ne lui fallut que dix minutes pour apprendre notre alphabet manuel. Après une demi-heure d'exercice, elle parvint à parler à merveille, comme si elle en avait depuis longtemps l'habitude. L'amour, l'amitié rend tout facile. Lorsque le jeune muet allait quitter la famille, la jeune fille vint lui toucher la main, au grand ébahissement de ses amis. La mère, qui paraissait approuver les sentiments de sa fille à l'égard du muet, l'engagea à venir chez elle le plus souvent possible. Un vieil ami de cette famille dit au muet que pour peu que cette demoiselle fût de son goût, il n'avait qu'à demander sa main à sa mère ; il ajouta que c'était un excellent parti, et même qu'elle abjurerait sa religion, s'il le fallait. Le jeune muet répondit en soupirant : « Que n'ai-je 25 ans ! Que ne puis-je me dis- « penser d'aller, mon portefeuille sous le « bras, à l'atelier de peinture ! Que ne suis- « je déjà un Paul Delaroche, un Eug. Dela- « croix, un Horace Vernet !... » (Forestier : *Fragment d'une lettre.)*

Désiré Ordinaire, l'avant-dernier directeur de l'Institution impériale des sourds-muets de Paris, aimait à se trouver au milieu de ses élèves, aux récréations, aux classes, aux ateliers, et c'était là son passe temps de prédilection. Tout en ayant l'air de prendre part à leurs ébats ou à leurs travaux, il se livrait sur eux à toutes sortes d'investigations et principalement à tout ce qui se rapportait à la phrénologie. Disciple de Gall, il ne laissait jamais échapper une occasion sans avoir promené sa main sur le crâne d'un élève. Un jour qu'il voulait faire prendre l'empreinte de la tête de plusieurs élèves dont il avait fait choix, tous s'y refusèrent, tant la chose, qui était nouvelle pour eux, les effrayait. Pour les y décider, Désiré Ordinaire, cet homme à jamais admirable de dévouement et de sollicitude, en donna le premier l'exemple. Couché sur un matelas, il se laissa couvrir entièrement la tête de plâtre. Lorsque l'opération fut terminée, et pour suppléer à l'impossibilité de parler (le plâtre qui lui couvrait le visage l'empêchait de remuer la bouche), il leva la main et dit aux nombreux élèves qui l'entouraient, au moyen de la dactylologie : « *Je me trouve très bien.* » A l'instant, l'un d'eux, et c'était le sergent-major d'alors, mettant un genou en terre, s'empara d'une de ses mains, et, lui faisant prendre différentes positions conformes aux lettres dactylologiques, lui transmet ces mots : « *Nous sommes heureux de vous avoir bien compris. Entendez-vous ce qui se passe autour de vous ?* » — « *Non, mon ami, répondit-il, je n'entends rien, je suis aussi sourd que vous.* » La tête de Désiré Ordinaire était avec les oreilles enveloppée de plâtre ; voilà pourquoi l'élève se permit de lui demander s'il entendait.

Il y a quelques années, Mme la baronne de M... tomba gravement malade. Ses voies respiratoires étaient profondément atteintes, et son médecin n'eut d'autre parti à prendre pour empêcher le mal d'arriver à son dernier période, que de lui défendre l'usage de la parole. On concevra aisément combien cette prescription dut la contrarier. Mais, en prévision de l'ennui dont allait la menacer son mutisme forcé, elle engagea tous ceux qui étaient dans son intimité, parents et amis, à apprendre la dactylologie, qu'elle possédait à fond, l'ayant apprise dans une institution des plus en renom des environs de Paris. Chacun s'y soumit avec autant d'empressement que de bonne grâce, et au bout de quelque temps d'exercice, il n'y eut personne qui ne parvînt non-seulement à parler avec les doigts, mais encore à lire sur la main de la dame avec une merveilleuse habileté qu'eussent enviée les plus habiles dactylologistes, sourds-muets ou non. Parlait-on à Mme la baronne de M..., elle répondait avec la dactylologie. Quant aux conversations générales, elle les suivait et s'en mêlait avec la même facilité que si elle s'exprimait de vive voix. Elle avait une belle main, avec des doigts bien faits et bien contournés, et, chose admirable, elle avait l'art de présenter ses lettres dactylologiques même dans les plus vives réparties. Ceux qui la lisaient ne perdaient rien de ce qui lui échappait : les lettres, les mots, les phrases prononcés par ses doigts étaient aussi bien perçus que s'ils avaient été modulés par sa voix.

Cette sorte de conversation, la parole articulée d'un côté et la dactylologie d'un autre, dura près de six mois entiers, époque où il fut permis à la nouvelle pythagoricienne de sortir de son mutisme et reprendre avec mesure l'usage de la parole.

Aujourd'hui que Mme la baronne de M... est complétement rétablie, elle ne cesse de parler de la dactylologie et de ses avantages, n'ayant d'autre rêve que de la voir aussi bien propagée que l'est aujourd'hui notre écriture manuscrite.

FIN.

TABLE DES MATIÈRES

FIN DE LA TABLE DES MATIÈRES.

www.ingramcontent.com/pod-product-compliance
Ingram Content Group UK Ltd.
Pitfield, Milton Keynes, MK11 3LW, UK
UKHW021100270726
13994UKWH00009B/1716

9 782329 392479